Impressum
Verlag: BABADADA GmbH, Nedderfeld 112 , 22529 Hamburg
Geschäftsführer / Verlagsleitung: Harald Hof
Druck: Books on Demand GmbH, In de Tarpen 42, 22848 Norderstedt

Imprint
Publisher: BABADADA GmbH, Nedderfeld 112 , 22529 Hamburg, Germany
Managing Director / Publishing direction: Harald Hof
Print: Books on Demand GmbH, In de Tarpen 42, 22848 Norderstedt

мактаб

colegio

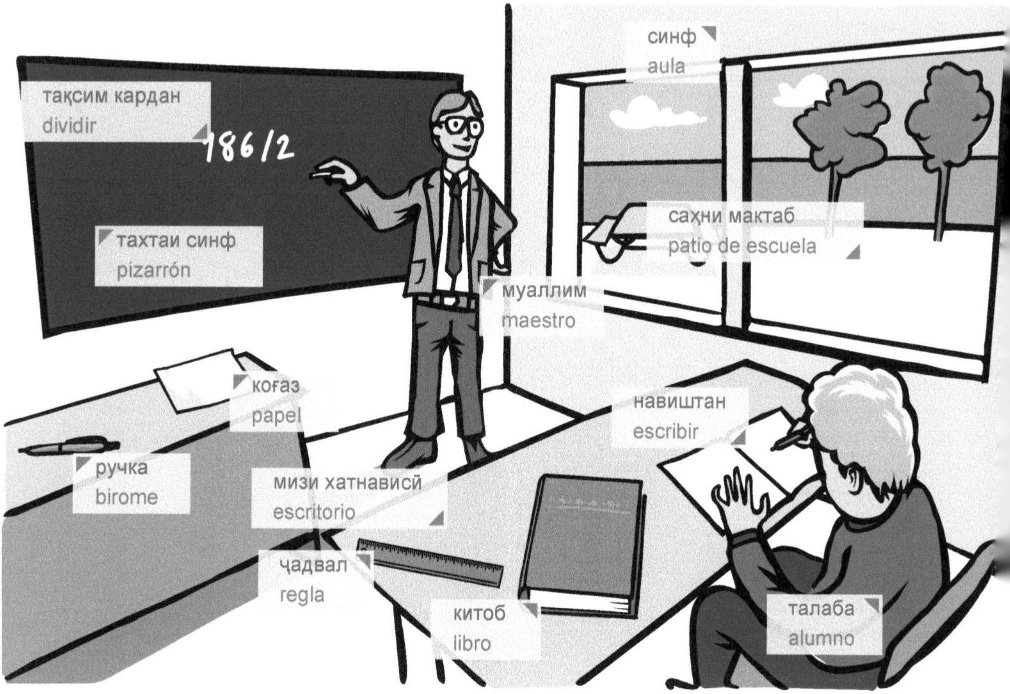
синф
aula
тақсим кардан
dividir
186/2
тахтаи синф
pizarrón
саҳни мактаб
patio de escuela
муаллим
maestro
коғаз
papel
навиштан
escribir
ручка
birome
мизи хатнависӣ
escritorio
ҷадвал
regla
китоб
libro
талаба
alumno

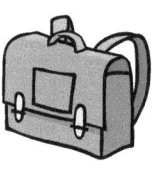

ҷузвдон
mochila

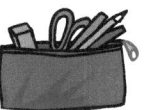

қаламдон
caja de lápices

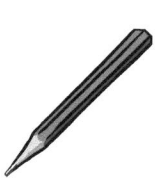

қалам
lápiz

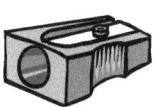

қаламтезкунак
sacapuntas

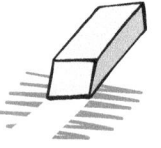

хаткуркунак
goma (de borrar)

блокноти расмкашӣ
bloc de dibujo

расм

dibujo

мӯқалами рассомӣ

pincel

қуттии рангҳо

caja de pinturas

қайчӣ

tijera

ширеш

pegamento

дафтари машқ

cuaderno de ejercicios

вазифаи хонагӣ

tarea

рақам

número

ҷамъ кардан

sumar

кам кардан

restar

зарб задан

multiplicar

ҳисоб кардан

calcular

ҳарф

letra

алфавит

abecedario

hello

калима

palabra

матн

texto

хондан

leer

бӯр

tiza

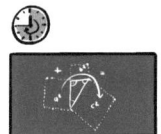

дарс

lección

журнали синфӣ

cuaderno de clase

имтиҳон

examen

шаҳодатнома

certificado

либоси мактабӣ

uniforme escolar

таҳсил/маориф

educación

энсиклопедия

enciclopedia

донишгоҳ

universidad

микроскоп (more frequently used)

microscopio

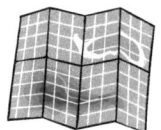

харита

mapa

сабади партофҳои коғазӣ

tacho (de basura)

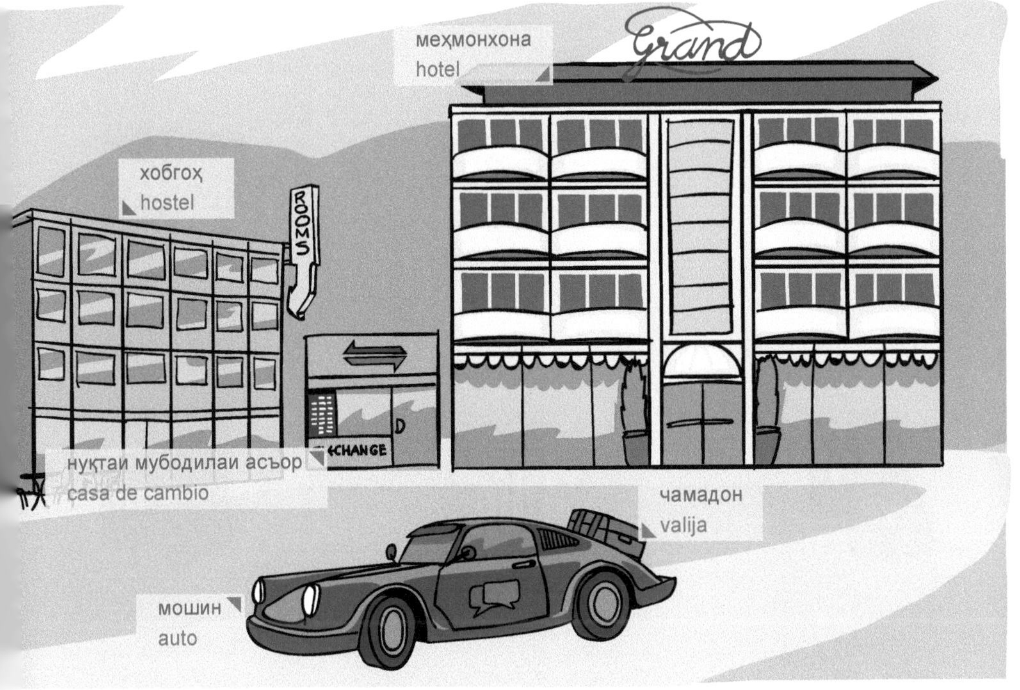

меҳмонхона
hotel

Grand

хобгоҳ
hostel

ROOMS

нуқтаи мубодилаи асъор
casa de cambio

EXCHANGE

чамадон
valija

мошин
auto

забон
idioma

ҳа / не
sí / no

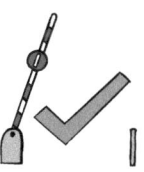

Хуб
Está bien

Ассалому алейкум
hola

тарҷумон
traductor

Раҳмат
Gracias

чӣ қадар аст ...?

¿cuánto cuesta…?

Ман намефаҳмам

No entiendo

проблема

problema

шаб ба хайр!

¡Buenas tardes!

субҳ ба хайр

¡Buenos días!

шаби хуш

¡Buenas noches!

хайр

adiós

равона

dirección

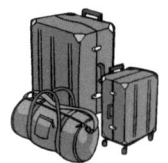

бағоҷ

equipaje

ҷузвдон

bolso

борхалта

mochila

меҳмон

invitado

хона

habitación

хобхалта

bolsa de dormir

хайма

carpa

маълумоти сайёҳӣ

información turística

соҳил

playa

корти кредитӣ

tarjeta de crédito

наҳорӣ

desayuno

хӯроки пешин

almuerzo

хӯроки шом

cena

чипта

pasaje

лифт

ascensor

марка

sello

сарҳад

frontera

Гумрук

aduana

сафорат

embajada

раводид

visa

шиноснома

pasaporte

наќлиёт
transporte

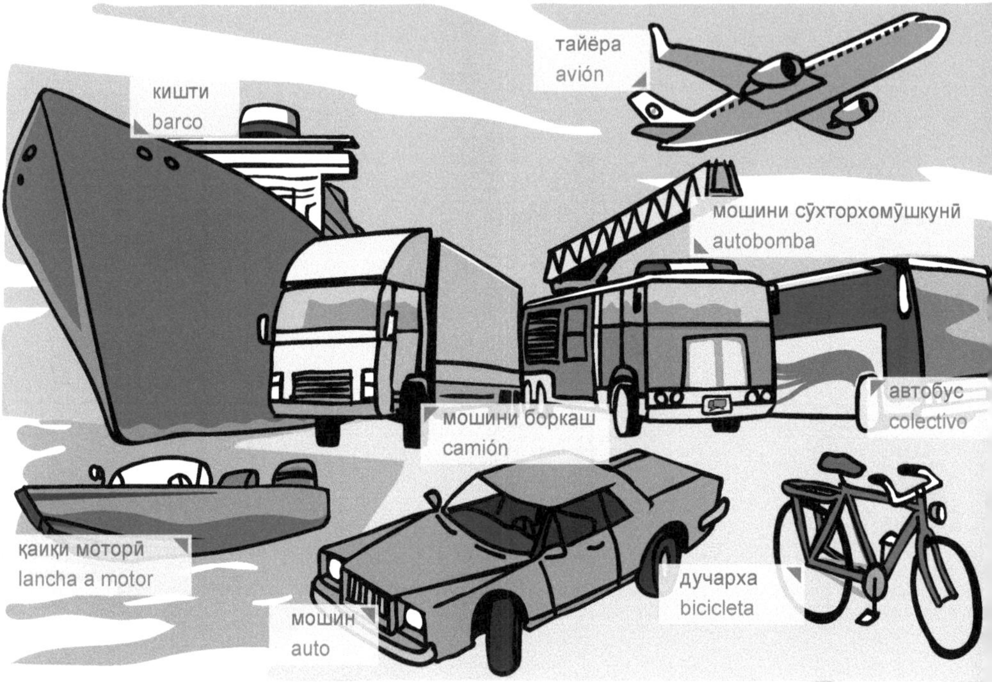
тайёра
avión
киштӣ
barco
мошини сӯхторхомӯшкунӣ
autobomba
автобус
colectivo
мошини боркаш
camión
қаиқи моторӣ
lancha a motor
дучарха
bicicleta
мошин
auto

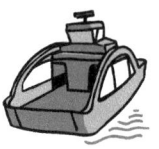

паром

ferry

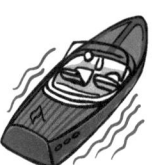

қаиқ

bote

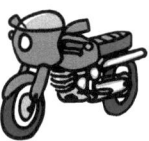

мотосикл

moto

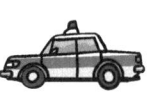

мошини полис

patrullero

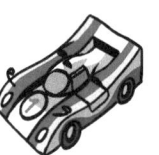

мошини тезрави пойгаи

auto de carreras

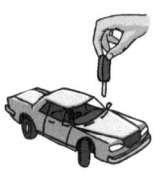

кирояи мошинҳо

auto de alquiler

ҳамроҳ истифодабарии
мошин

alquiler de autos

эвакуатор

grúa

павтовчамъкунӣ

camión de basura

муҳаррик

motor

сӯзишворӣ

nafta

нуқтаи фурӯши сӯзишворӣ

estación de servicio

аломати роҳ

señal de tránsito

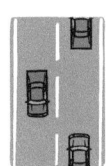

ҳаракат

tránsito

бандшавии ҳаракати роҳ

embotellamiento

ҷои исти мошинҳо

estacionamiento

истгоҳи роҳи оҳан

estación de tren

роҳи оҳан

vías

қатора

tren

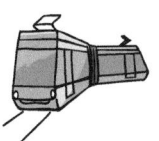

тамвай

tranvía

вагон

vagón

чархбол

helicóptero

фурудгоҳ

aeropuerto

манора

torre

мусофир

pasajero

контейнер

contenedor

щутии картонӣ

caja de cartón

ароба

carretilla

сабад

canasta

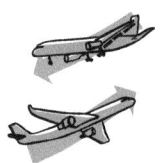

гирифтан / замин

despegar / aterrizar

шаҳр

ciudad

деҳа

pueblo

маркази шаҳр

centro de ciudad

хона

casa

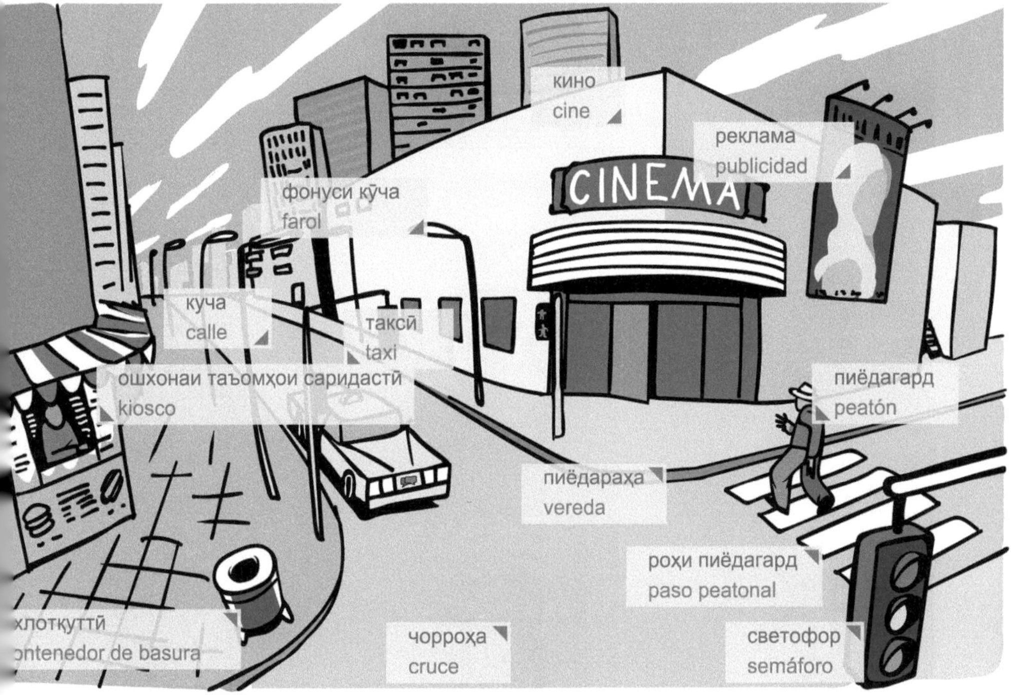

кино
cine

реклама
publicidad

фонуси кӯча
farol

куча
calle

таксӣ
taxi

ошхонаи таъомхои саридастӣ
kiosco

пиёдагард
peatón

пиёдараха
vereda

роҳи пиёдагард
paso peatonal

хлоткуттӣ
ontenedor de basura

чорроҳа
cruce

светофор
semáforo

кулба

cabaña

ҳамвор

departamento

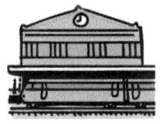

истгоҳи роҳи оҳан

estación de tren

нои маъмурияти шаҳр

municipalidad

осорхона

museo

мактаб

colegio

донишгоҳ

universidad

бонк

banco

бемористон

hospital

меҳмонхона

hotel

доухона

farmacia

идора

oficina

сехи китоб

librería

сехи

negocio

мағозаи гулфурӯшӣ

florería

супермаркет

supermercado

бозор

mercado

универмаг

grandes tiendas

мағозаи моҳифурӯшӣ

pescadería

маркази савдо

centro comercial

бандар

puerto

парк
parque

бонк
banco

пул
puente

зинапоя
escaleras

метро
subte

нақби
túnel

истгоҳи автобус
parada del colectivo

бар
bar

тарабхона
restaurante

қуттии почта
buzón

аломати номи кӯчаҳо
letrero

ҳисобкунаки исти мошинҳо
parquímetro

боғи ҳайвонот
zoológico

ҳавзи шиноварй
pileta

масҷид
mezquita

ферма

granja

ифлоскунӣ

contaminación

қабристон

cementerio

калисо

iglesia

майдончаи бозӣ

juegos infantiles

маъбад

templo

ландшафт

paisaje

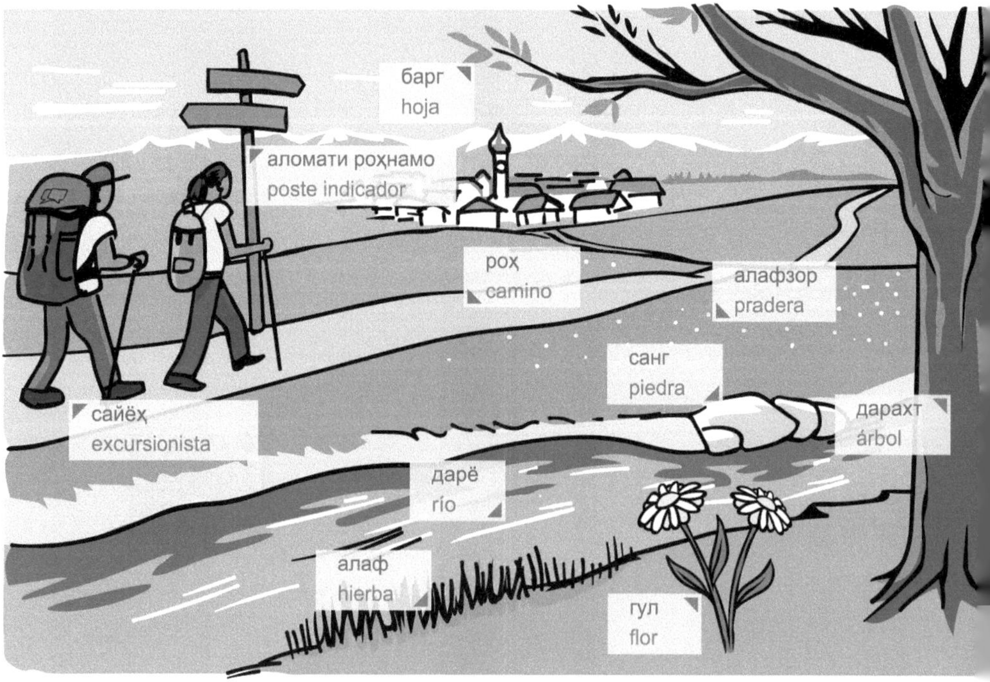

барг
hoja

аломати роҳнамо
poste indicador

роҳ
camino

алафзор
pradera

санг
piedra

дарахт
árbol

сайёҳ
excursionista

дарё
río

алаф
hierba

гул
flor

водӣ
valle

кӯҳ
montaña

кул
lago

беша
bosque

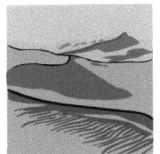

биёбон
desierto

вулкан
volcán

қалъа
castillo

рангинкамон
arco iris

занбӯруғ
champiñón

дарати нахл
palmera

хомӯшак
mosquito

паридан
mosca

мурча
hormiga

занбӯр
abeja

тортанак
araña

ландшафт - paisaje

гамбӯсак

escarabajo

қурбоққа

rana

санчоб

ardilla

хорпушт

erizo

харгӯш

liebre

бум

lechuza

парранда

pájaro

мурғи қу

cisne

хуки ваҳшй

jabalí

оху

ciervo

гавазн

alce

сарбанд

presa

турбина шамол

aerogenerador

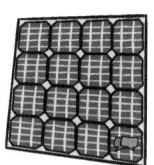

панел офтобй

panel solar

иқлим

clima

пешхизмат
mozo

меню
menú

курсӣ
silla

шӯрбо
sopa

Pizza
pizza

асбобу анҷоми хӯрокхӯрӣ
cubiertos

дастархон
mantel

стартер/корандоз
....
entrada

хӯроки асосӣ
....
plato principal

десерт
....
postre

нӯшокиҳои
....
bebidas

таъом
....
comida

шиша
....
botella

Хӯроки Тез Таёр мешуда

comida rápida

хӯроки кӯчагӣ

comida callejera

чойник

tetera

шакардон

azucarera

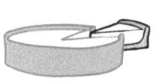

қисм/порча

porción

мошини espresso

cafetera expreso

курсии кӯдакона

sillita alta

ҳисоб

cuenta

зарфмонак

bandeja

корд

cuchillo

чангол

tenedor

қошуқ

cuchara

қошуқча

cucharita

сачоқи қоғазӣ

servilleta

истакон

vaso

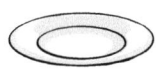

табақча
plato

косача
plato hondo

тақсимча
plato

соус
salsa

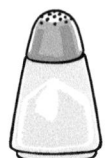

намакдон
salero

мурчдон
molinillo de pimienta

сирко
vinagre

равғани растанӣ
aceite

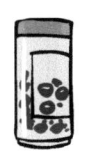

приправа
especias

кетчуп
kétchup

хардал
mostaza

майонез
mayonesa

супермаркет
supermercado

пешниҳоди махсус
oferta especial
FOR
мизоҷ
cliente
шир
lácteos
мева
fruta
аробача
changuito

BUTCHERS

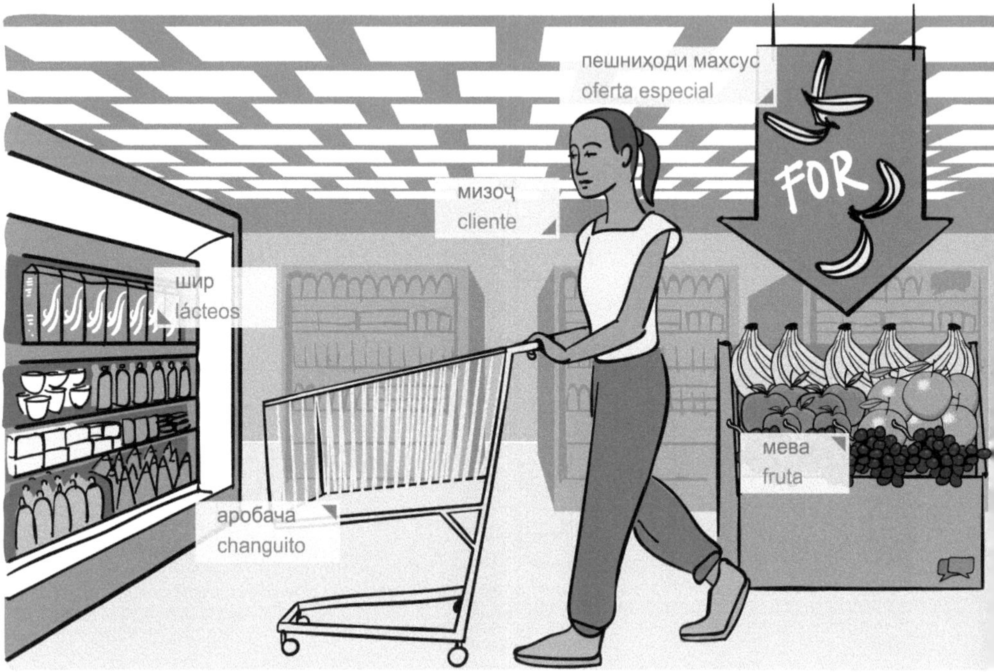

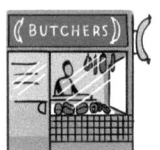

дукони гӯштфурӯшӣ

carnicería

BAKERY

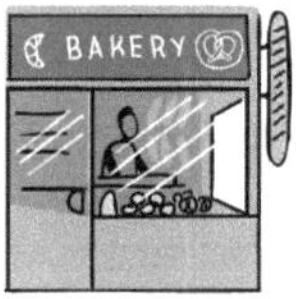

дукони нонфурӯшӣ

panadería

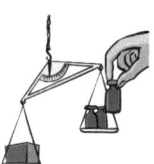

баркашидан

pesar

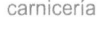

сабзавот

verduras

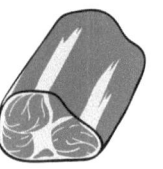

гӯшт

carne

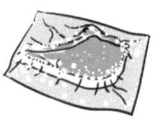

хӯроки яхбаста

alimentos congelados

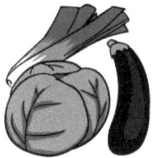

илимхои борик буридаи
гушт

fiambres

озуќаворї
консервонидашуда

alimentos enlatados

хокаи либосшўй

detergente en polvo

ширинї

golosinas

асбоби рўзгор

electrodomésticos

воситахои тозакунанда

productos de limpieza

фурўшанда

vendedora

касса

caja

кассир

cajero

рўихати харидкунї

lista de compras

соат ифтитохи

horario de atención

хамён

billetera

корти кредитї

tarjeta de crédito

чуздо

cartera

пакет

bolsa de plástico

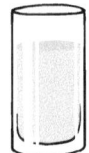

об

agua

шарбат

jugo

шир

leche

кола

bebida cola

шароб

vino

оби ҷав

cerveza

машрубот

alcohol

какао

cacao

чой

té

қаҳва

café

эспрессо

café expreso

каппучино

cappuccino

банан

banana

себ

manzana

норанҷӣ

naranja

харбуза

melón

лимӯ

limón

сабзӣ

zanahoria

сир

ajo

бамбук

bambú

пиёз

cebolla

занбӯруғ

champiñón

чормағз

nueces

угро

fideos

спагеттй

tallarines

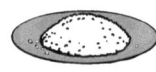

биринҷ

arroz

салат

ensalada

картошкаи қоқак

papas fritas

картошкабирён

papas fritas

Pizza

pizza

гамбургер

hamburguesa

бутербурод

sándwich

шнитсел

churrasco

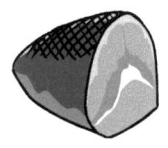

гӯшти намакардаи хук

jamón

ҳасиби салямй

salame

ҳасиб

salchicha

мурғ

pollo

кабоб

asado

моҳй

pescado

таъом - comida

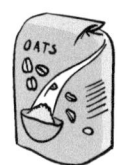

ярмаи ҷав

copos de avena

омехтаи ғалладонагӣ

muesli

ярмаи ҷуворимакка

copos de maíz

орд

harina

кулчақанд

medialuna

кулчақанд

pancito

нон

pan

як порча нони бирён

tostada

кулчачаҳои қандин

galletitas

маска

manteca

творог

cuajada

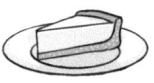

пирог

torta

тухм

huevo

тухм бирён

huevo frito

панир

queso

яхмос

helado

шакар

azúcar

асал

miel

мураббо

mermelada

хамираи ҳалво

pasta de chocolate

Curry

curry

ферма
granja

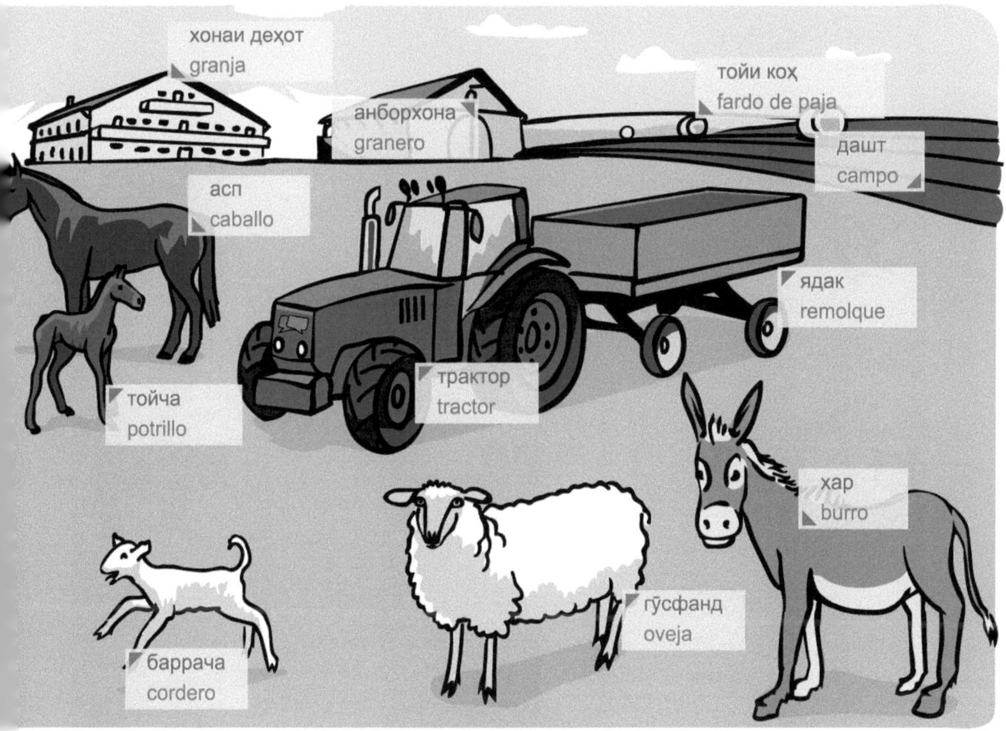
хонаи деҳот
granja
тойи коҳ
fardo de paja
анборхона
granero
дашт
campo
асп
caballo
ядак
remolque
трактор
tractor
тойча
potrillo
хар
burro
гӯсфанд
oveja
баррача
cordero

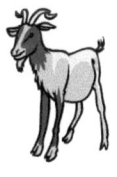

буз
cabra

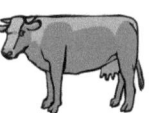

гов
vaca

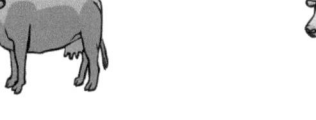

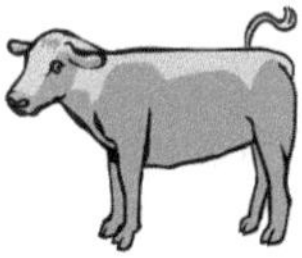

гӯсола
ternero

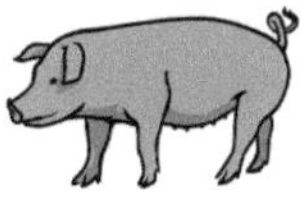

хук
cerdo

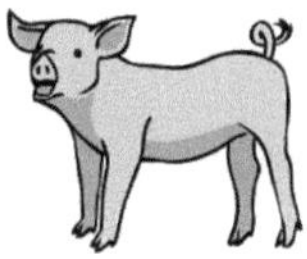

хукча
lechón

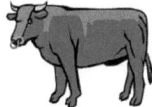

буққа
toro

қоз

ganso

мурғобӣ

pato

чӯча

pollo

мурғ

gallina

хурӯс

gallo

каламуш

rata

гурба

gato

муш

ratón

барзагов

buey

саг

perro

хоначаи саг

cucha

рӯдаи резинӣ

manguera

камобӣ метавонад

regadera

дос

guadaña

сипори шудгоркунии замин

arado

доси

hoz

каланд

azada

панҷшоха

horquilla

табар

hacha

ароба

carretilla

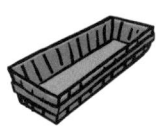

охур

abrevadero

зарфи ширгирӣ

lechera

халта

bolsa

девор

reja

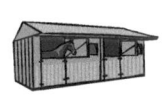

мӯътадил

establo

гармхона

invernadero

хок

suelo

тухмӣ

semilla

нуриҳо

fertilizador

комбайни ғаллағундорӣ

cosechadora

хосил

cosechar

хосил

cosecha

yams

batatas

гандум

trigo

лубиж

soja

картошка

papa

ҷуворӣ

maíz

донаи маъсар

semilla de colza

дарахти мева

árbol frutal

manioc

mandioca

ғалладона

cereales

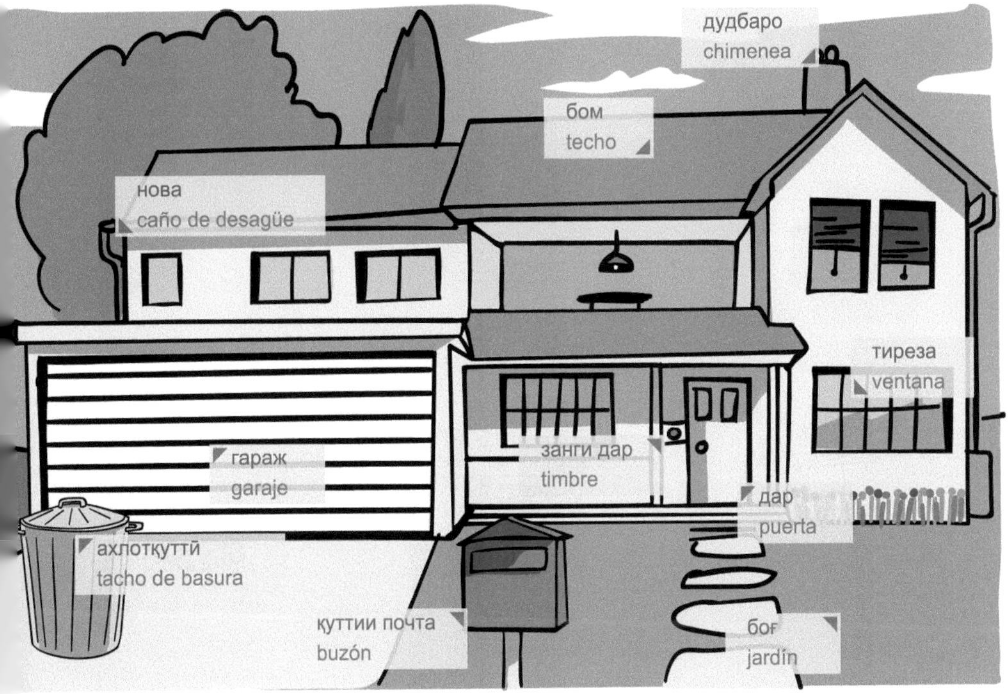

дудбаро
chimenea

бом
techo

нова
caño de desagüe

тиреза
ventana

гараж
garaje

занги дар
timbre

дар
puerta

ахлоткуттй
tacho de basura

куттии почта
buzón

боғ
jardín

мехмонхона

living

ҳамом

baño

ошхона

cocina

хонаи хоб

dormitorio

хучраи кӯдакона

cuarto de los chicos

ошхона

comedor

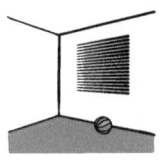

ошёна

piso

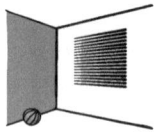

девор

pared

шифт

cielorraso

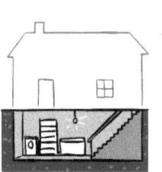

тагзаминй

sótano

сауна

sauna

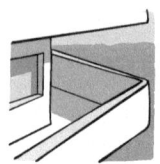

балкон

balcón

суфача

terraza

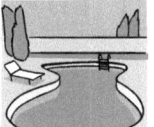

ҳавз

pileta

мошини алафдарав

cortadora de pasto

варақ

sábana

кампал

acolchado

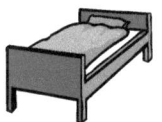

кат

cama

чорӯб

escoba

сатил

balde

калид

interruptor

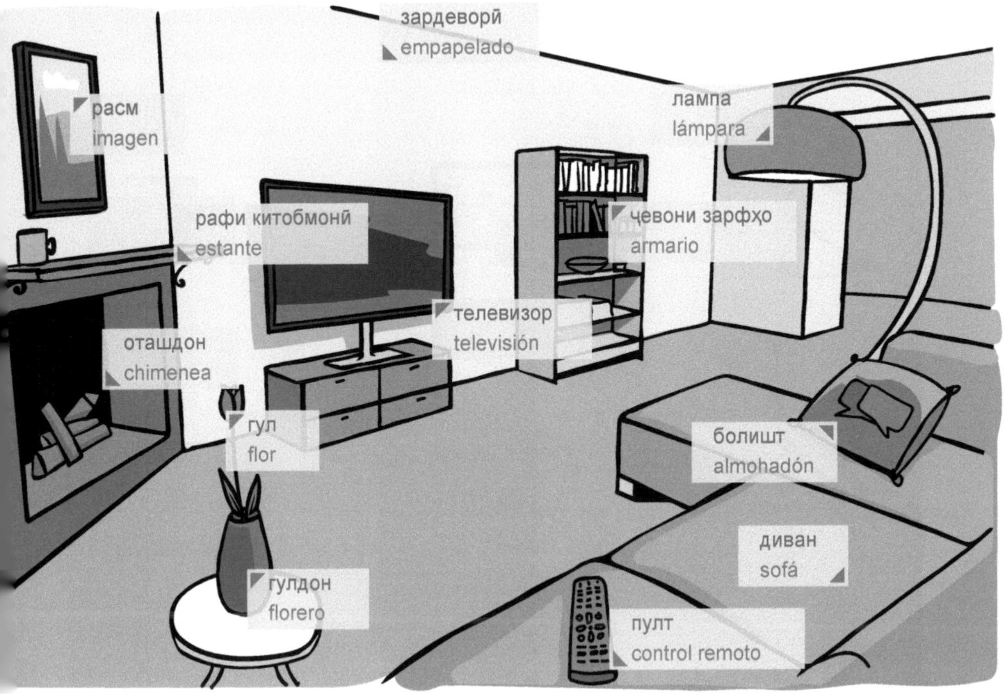

зардеворӣ
empapelado

расм
imagen

лампа
lámpara

рафи китобмонӣ
estante

чевони зарфхо
armario

оташдон
chimenea

телевизор
televisión

гул
flor

болишт
almohadón

диван
sofá

гулдон
florero

пулт
control remoto

қолин
alfombra

парда
cortina

мизи
mesa

курсӣ
silla

rocking кафедраи
mecedora

курсӣ
sillón

китоб
libro

курпа
frazada

ороиш
decoración

ҳезум
leña

филм
película

дастгоҳи hi-fi
equipo de música

калид
llave

рӯзнома
diario

расм
pintura

эълон
póster

радио
radio

китобчаи қайдҳо
cuaderno

чангкашак
aspiradora

кактус
cactus

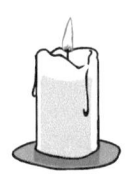

шам
vela

ошхона

cocina

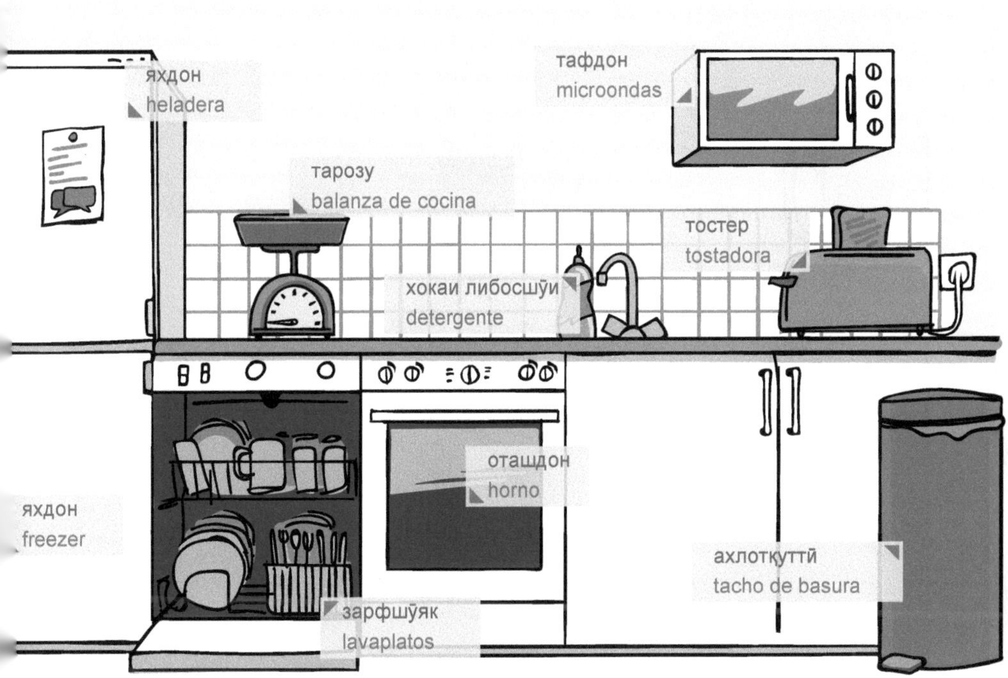

яхдон
heladera
тафдон
microondas
тарозу
balanza de cocina
тостер
tostadora
хокаи либосшӯи
detergente
отащдон
horno
яхдон
freezer
ахлотқуттӣ
tacho de basura
зарфшӯяк
lavaplatos

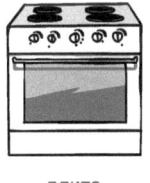

плита

cocina

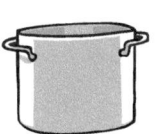

тубак

olla

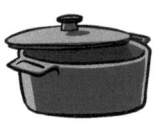

дег

olla de hierro fundido

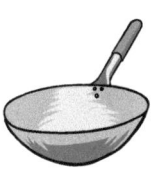

дег / кадй

wok

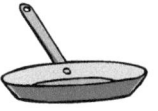

тоба

sartén

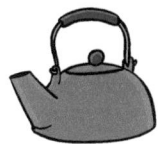

чойник

pava

steamer

vaporera

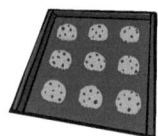

лист

bandeja de horno

зарф

vajilla

кружка

taza

коса

bol

чӯбаки хӯрокхӯрй

palitos

кафлези

cucharón

кафлези ҳамвор

estpátula

whisk

batidora

strainer

colador

элак

colador

турбтарошак

rallador

миномет

mortero

Кабоб Кардан

parrilla

оташ кушод

fogata

тахтаи резакунӣ

tabla de picar

чӯба

palo de amasar

пӯккашак

sacacorchos

банка

lata

консервокушояк

abrelatas

дастак

manopla

дастшӯяк

pileta

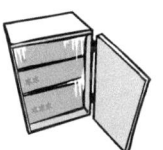

чӯтка

cepillo

исфанч

esponja

блендер

batidora

сармодон

congelador

шишача

mamadera

чумак

canilla

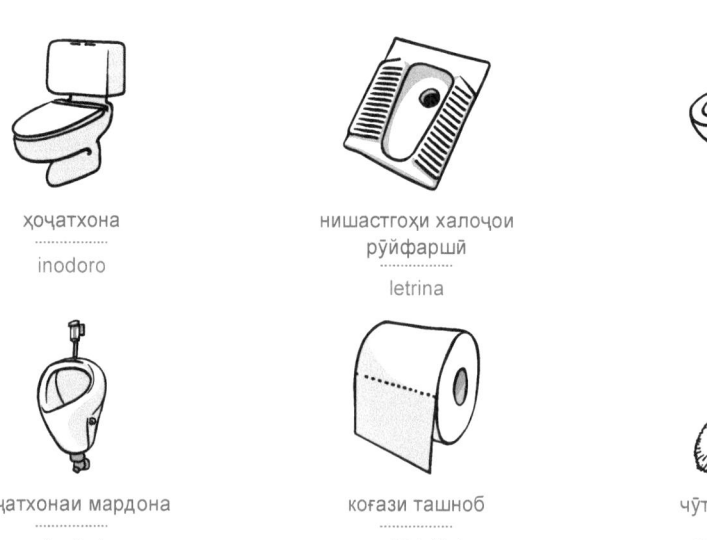

ҳамом

baño

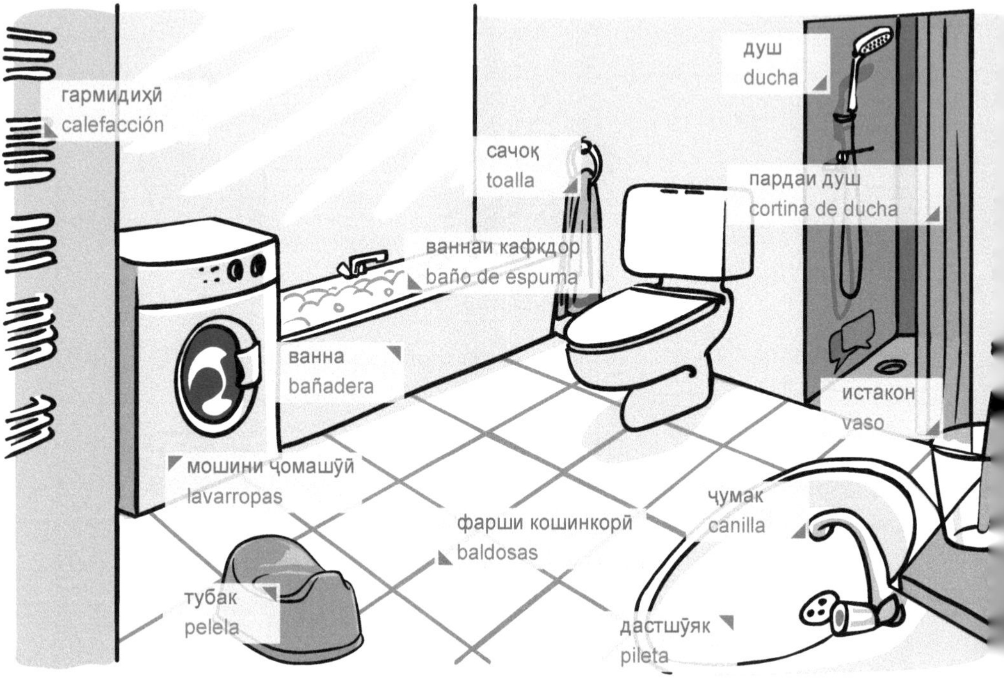

гармидиҳӣ
calefacción
душ
ducha
сачоқ
toalla
пардаи душ
cortina de ducha
ваннаи кафкдор
baño de espuma
ванна
bañadera
истакон
vaso
мошини ҷомашӯӣ
lavarropas
чумак
canilla
фарши кошинкорӣ
baldosas
тубак
pelela
дастшӯяк
pileta

ҳоҷатхона

inodoro

нишастгоҳи халоҷои рӯйфаршӣ

letrina

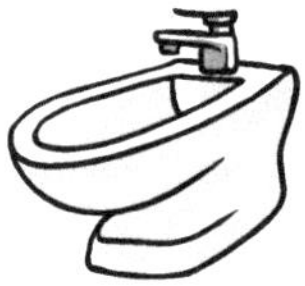

биде

bidé

ҳоҷатхонаи мардона

mingitorio

коғази ташноб

papel higiénico

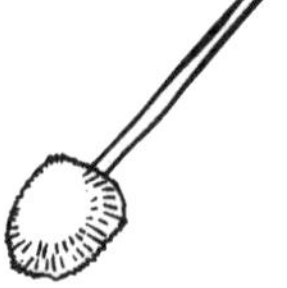

чӯткаи ҳоҷатхона

cepillo para el inodoro

дандоншӯяк

cepillo de dientes

хамираи дандоншӯи

dentífrico

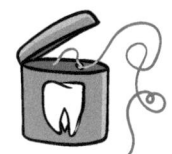

риштаи дандонтозакунӣ

hilo dental

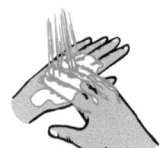

шӯстан

lavar

души дастӣ

ducha de mano

обшӯй

ducha higiénica

ҳавза

palangana

шона кардани мӯй

cepillo para espalda

собун

jabón

гел барои душ

gel de ducha

шампун

shampoo

бумазӣ

toallita

заҳкаш

desagüe

крем

crema

дезодорант

desodorante

оина

espejo

оинаи дастӣ

espejito

риштарошаки барқи

maquinita de afeitar

кафк барои риштарошӣ

espuma de afeitar

оби мушкини баъди риштарошӣ

aftershave

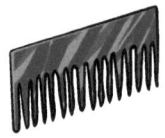

шона

peine

чӯтка

cepillo

мӯйхушкунак

secador de pelo

лак барои мӯй

spray

косметика

maquillaje

лабсурхкунак

lápiz de labios

лок барои нохун

esmalte para uñas

пахта

algodón

қайчии нохунгирӣ

tijera para uñas

атриёт

perfume

чузвдони косметики

portacosméticos

қазои ҳоҷат

banqueta

тарозу

balanza

хилъат

bata

дастпӯшак резина

guantes de goma

тампон

tampón

дастмоли санитарй

toallita femenina

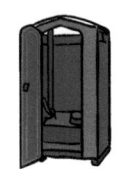

био-ҳоҷатхона

baño químico

ҳуҷраи кӯдакона
cuarto de los chicos

соати рӯимизии зангдор
despertador
бозичаи мулоим
peluche
мошини бозича
coche de juguete
тиқ-тиқ кардан
sonajero
хоначаи бозичагӣ
casa de muñecas
ҳузур
regalo

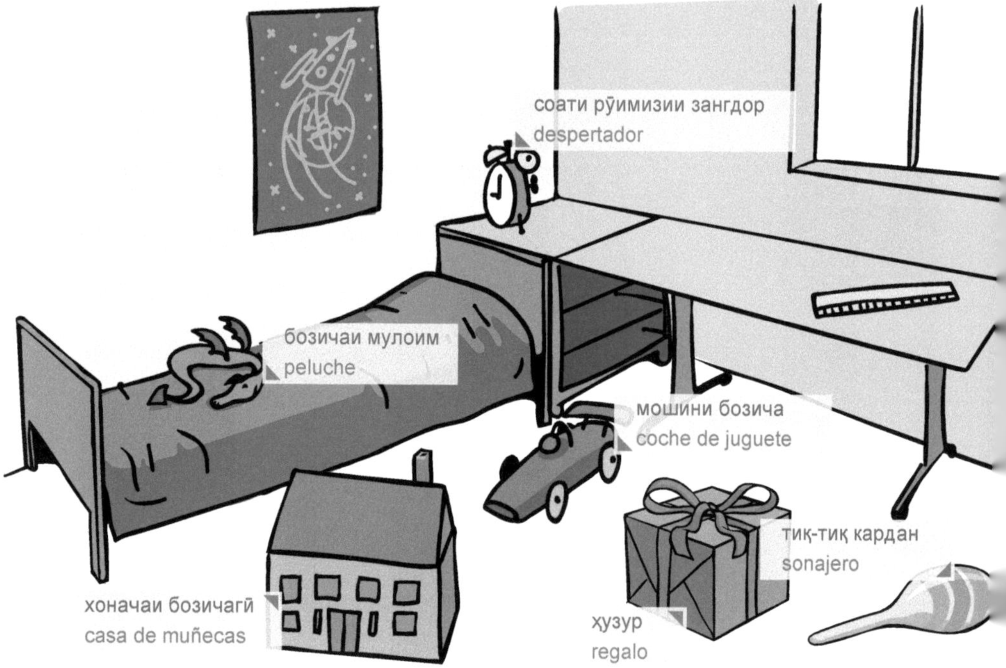

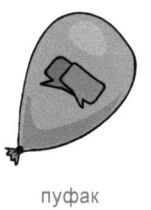

пуфак

globo

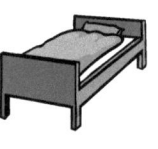

кат

cama

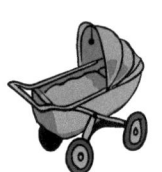

аробочаи кудакона

cochecito

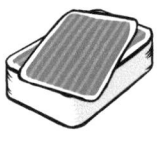

маҷмӯи кортҳо

cartas

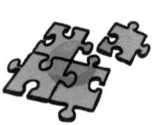

бозии муамоёбӣ

rompecabezas

SUPER MEGA

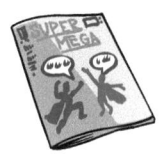

комикс

historieta

хиштҳои лего

piezas de lego

мағозаи бозичафурӯхтан

ladrillos de juguete

рақам амал

figura de acción

либоси ғаваккашӣ

enterito (de bebé)

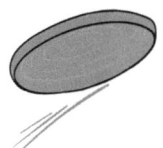

фрисби

frisbee

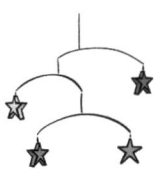

мобилӣ

móvil para bebés

лавҳачаи бозӣ

juego de mesa

кубик

dados

маҷмӯи модели қатора

tren eléctrico

пистонак

chupete

ҳизб

fiesta

китоби расм

libro de cuentos ilustrado

тӯб

pelota

лӯхтак

muñeca

бози кардан

jugar

ҳуҷраи кӯдакона - cuarto de los chicos

қуттии рег

arenero

арғунчак

hamaca

бозича

juguetes

консоли бозиҳои видеой

consola de videojuegos

велосипеди сечарха

triciclo

хирсаки бахмалии патдор

osito de peluche

чевон

armario

либос

ropa

ҷӯроб

medias

ҷӯроби соқбаланд

medias panty

колготки

calzas

гарданпеч
bufanda

чатр
paraguas

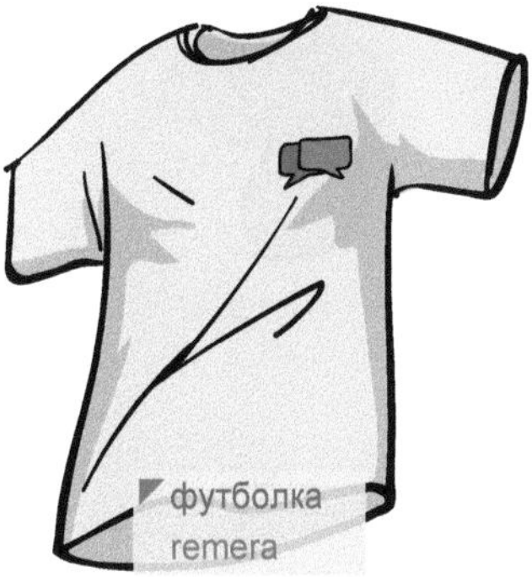

футболка
remera

тасма
cinturón

пойафзол
botas

шиппак
pantuflas

кроссовки
zapatillas

босоножкй
....
sandalias

пойафзол
....
zapatos

музаи резинй
....
botas de goma

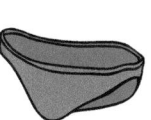

турсй
....
ropa interior

синабанд
....
corpiño

майка
....
chaleco

бадан

body

шим

pantalones

чинс

jeans

юбка

pollera

куртаи нимтаи занона

blusa

курта

camisa

свитер

pulóver

свитер

buzo

пичак

blazer

нимтана

campera

палто

tapado

плаш

piloto

костюм

traje

куртаи занона

vestido

либос тӯйи

vestido de novia

костюм

traje

куртаи хоб

camisón

пижама

pijama

Сари

sari

рӯймол

pañuelo para cabeza

салла

turbante

ниқобу

burka

кафтан

caftán

абая

abaya

либоси обозӣ

traje de baño

эзорчаи шиноварии мардона

short de baño

шорти

shorts

либоси варзишӣ

jogging

пешбанд

delantal

дастпӯшак

guantes

тугма

botón

айнак

anteojos

дастпона

pulsera

гарданбанд

collar

ангуштарин

anillo

гӯшвора

aro

кулоҳ

gorra

либосовезак

percha

кулоҳ

sombrero

галстук

corbata

занҷирак

cierre

тоскулоҳ

casco

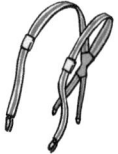

шимбардор

tiradores

либоси мактабӣ

uniforme escolar

либоси

uniforme

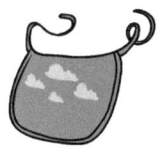

пешгир

babero

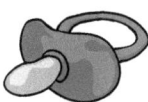

пистонак

chupete

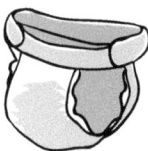

подгузник

pañal

идора

oficina

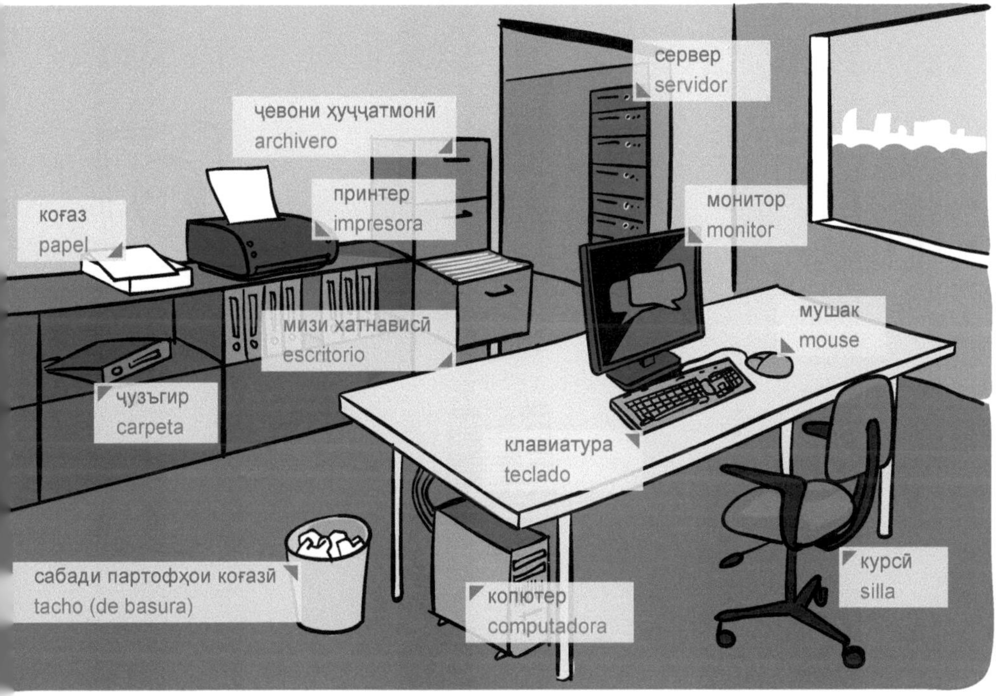
сервер
servidor
чевони ҳуҷҷатмонӣ
archivero
принтер
impresora
коғаз
papel
монитор
monitor
мушак
mouse
мизи хатнависӣ
escritorio
ҷузъгир
carpeta
клавиатура
teclado
сабади партофҳои коғазӣ
tacho (de basura)
копютер
computadora
курсӣ
silla

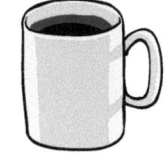

кружкаи қаҳванӯшӣ

taza de café

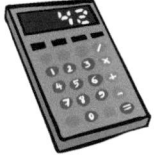

калкулятор

calculadora

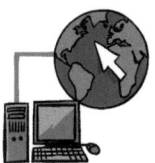

интернет

internet

ноутбук

laptop

мактуб

carta

хабар

mensaje

телефони мобилӣ

celular

шабака

red

нусхабардор

fotocopiadora

нармафзор

software

телефон

teléfono

розетка

tomacorriente

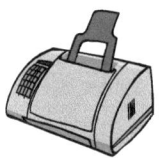

факс

fax

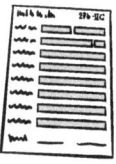

шакл

formulario

ҳуҷҷат

documento

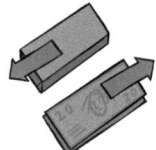

харидан

comprar

пардохт

pagar

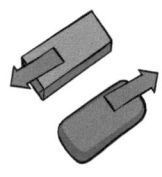

савдо

hacer negocios

пул

dinero

USD

доллар

dólar

EUR

евро

euro

JPY

йен

yen

RUB

рубл

rublo

CHF

франки швейцариягй

franco suizo

CNY

юан

yuan

INR

рупй

rupia

нуқтаи нақд

cajero automático

нуқтаи мубодилаи асъор

casa de cambio

тилло

oro

нуқра

plata

равғани растанӣ

petróleo

энерги

energía

нарх

precio

шартнома

contrato

андоз

impuesto

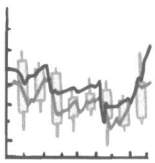

саҳмия

acción

кор

trabajar

хизматчӣ

empleado

соҳибкор

empleador

завод

fábrica

сехи

negocio

сӯхторхомушкун
bombero

корманди полис
policía

ошпаз
cocinero

духтур
médico

халабон
piloto

боғбон

jardinero

чӯбтарош

carpintero

дӯзанда

modista

судя

juez

кимиёшинос

farmacéutico

актер

actor

ронандаи автобус

colectivero

таксист

taxista

моҳигир

pescador

фаррошзан

mucama

устои бомпӯш

techista

пешхизмат

mozo

шикорчӣ

cazador

расом

pintor

нонвой

panadero

барқ

electricista

сохтмончӣ

albañil

инженер

ingeniero

қассоб

carnicero

устои шабакаи об

plomero

хаткашон

cartero

сарбоз

soldado

меъмор

arquitecto

кассир

cajero

гулфурӯш

florista

сартарош

peluquero

кондуктор

cobrador

механик

mecánico

капатан

capitán

духтури дандон

dentista

олим

científico

хохом

rabino

имом

imán

шайх

monje

саркоҳин

sacerdote

асбобҳо
herramientas

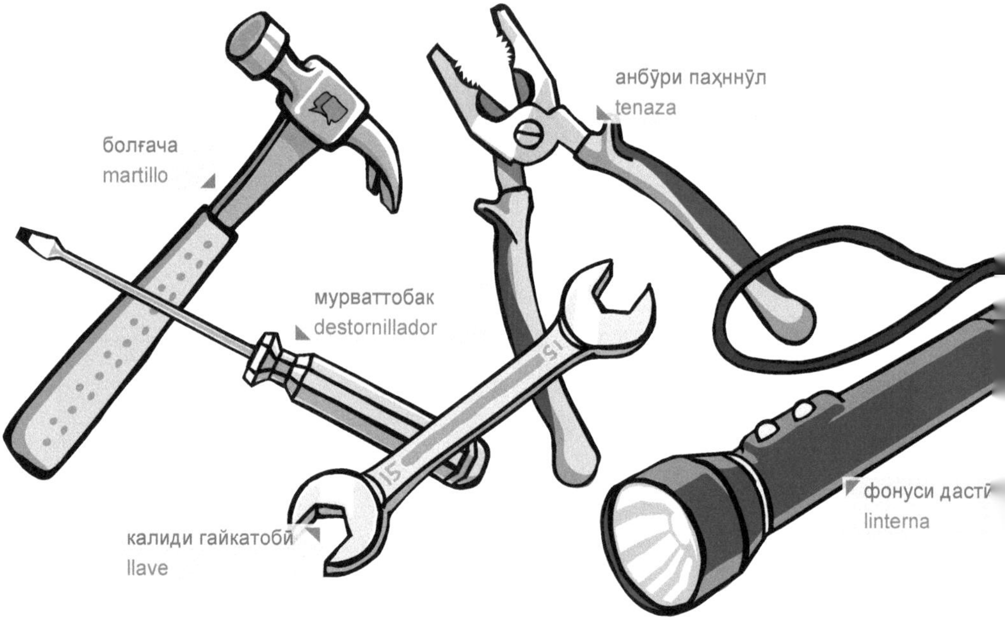
анбӯри паҳннӯл
tenaza
болғача
martillo
мурваттобак
destornillador
калиди гайкатобӣ
llave
фонуси дастӣ
linterna

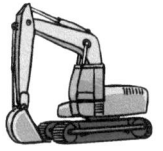

экскаватор

excavadora

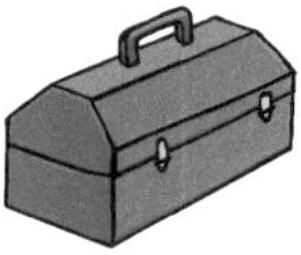

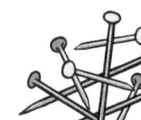

қутии асбобҳо

caja de herramientas

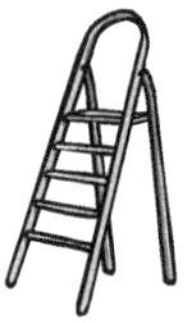

зинапоя

escalera portátil

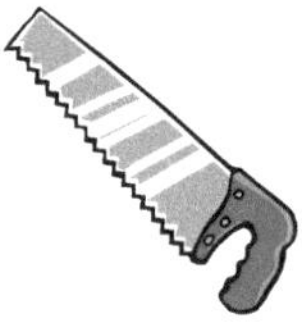

арра

sierra

мехҳо

clavos

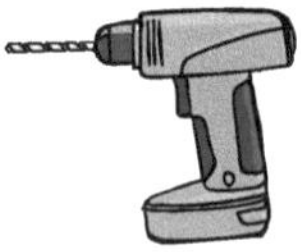

пармаи электрикӣ

taladro

таъмир

arreglar

бел

pala de jardín

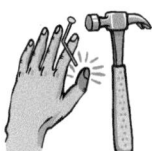

Сабил монад!

¡Qué bronca!

белчаи хокрӯбагирӣ

pala de plástico

сатили ранг

tacho de pintura

мехи печдор

tornillos

асбобҳои мусиқӣ

instrumentos musicales

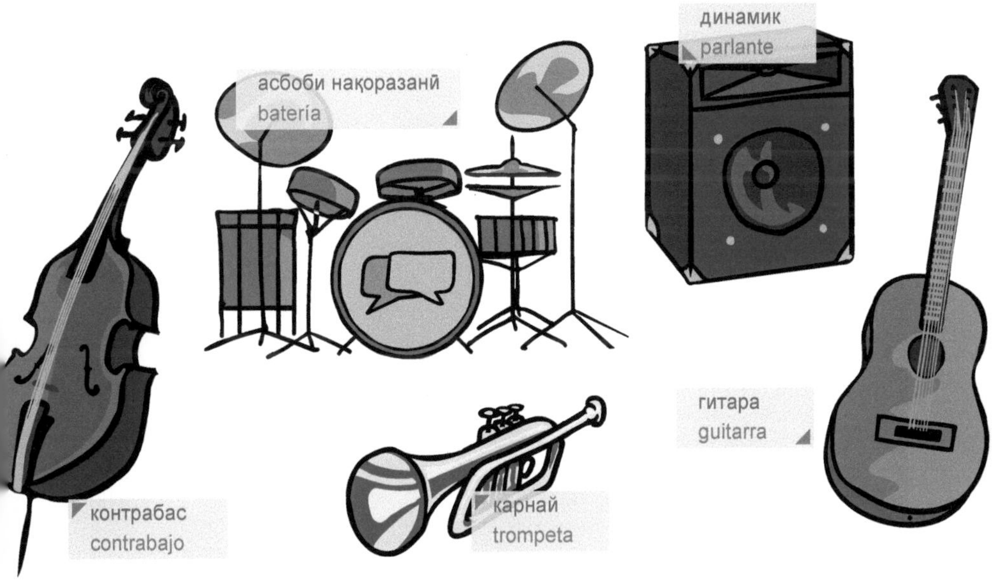

асбоби нақоразанӣ
batería

динамик
parlante

гитара
guitarra

контрабас
contrabajo

карнай
trompeta

пианино

piano

ғиҷҷак

violín

бас-гитара

bajo

нақораи поядор

timbales

нақора

tambor

клавиатура

teclado

саксофон

saxofón

най

flauta

баландгӯяд

micrófono

боғи ҳайвонот

zoológico

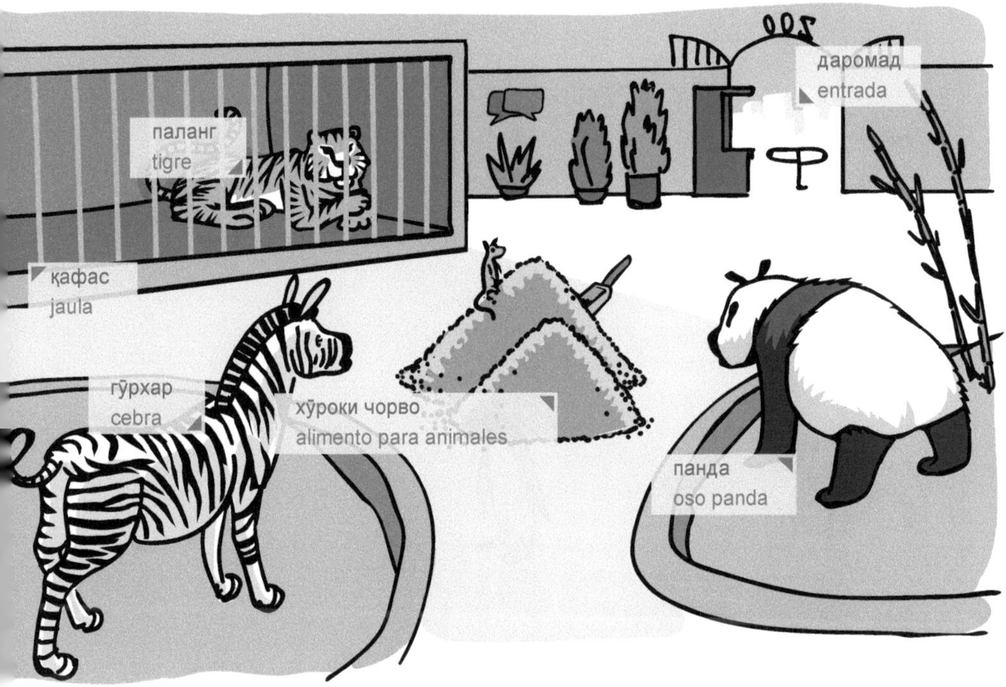
паланг
tigre
даромад
entrada
қафас
jaula
гӯрхар
cebra
хӯроки чорво
alimento para animales
панда
oso panda

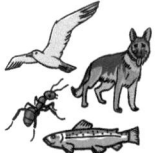

ҳайвонот

animales

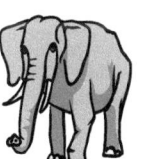

фил

elefante

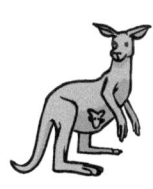

кенгуру

canguro

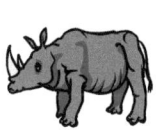

каркадан

rinoceronte

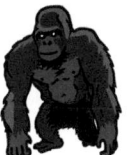

горилла

gorila

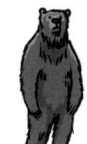

хирси бӯр

oso

шутур

camello

шутурмурғ

avestruz

шер

león

маймун

mono

бутимор

flamenco

тӯти

loro

хирси сафед

oso polar

пингвин

pingüino

наҳанг

tiburón

товус

pavo real

мор

serpiente

тимсоҳ

cocodrilo

посбон

cuidador del zoológico

сил

foca

ягуар

jaguar

боғи ҳайвонот - zoológico

аспи кӯтоҳқад

poni

леопард

leopardo

баҳмут

hipopótamo

заррофа

jirafa

уқоб

águila

хуки ваҳшӣ

jabalí

моҳӣ

pescado

сангпушт

tortuga

морж

morsa

рӯбоҳ

zorro

ғизол/оху

gacela

футболи амрикои
fútbol americano

велосипедронӣ
ciclismo

теннис
tenis

баскетбол
básquet

шиноварӣ
natación

бокс
boxeo

хоккей
hockey sobre hielo

футбол
fútbol

бадмингтон
bádminton

атлетика
atletismo

гандбол
handball

лижаронӣ
esquí

тӯббозӣ бо асп
polo

фаъолият
actividades

ханда
reír
паридан
saltar
оғӯш гирифтан
abrazar
пиёда рафтан
caminar
шеър хондан
cantar
орзӯ кардан
soñar
ибодат кардан
rezar
бӯса кардан
besar

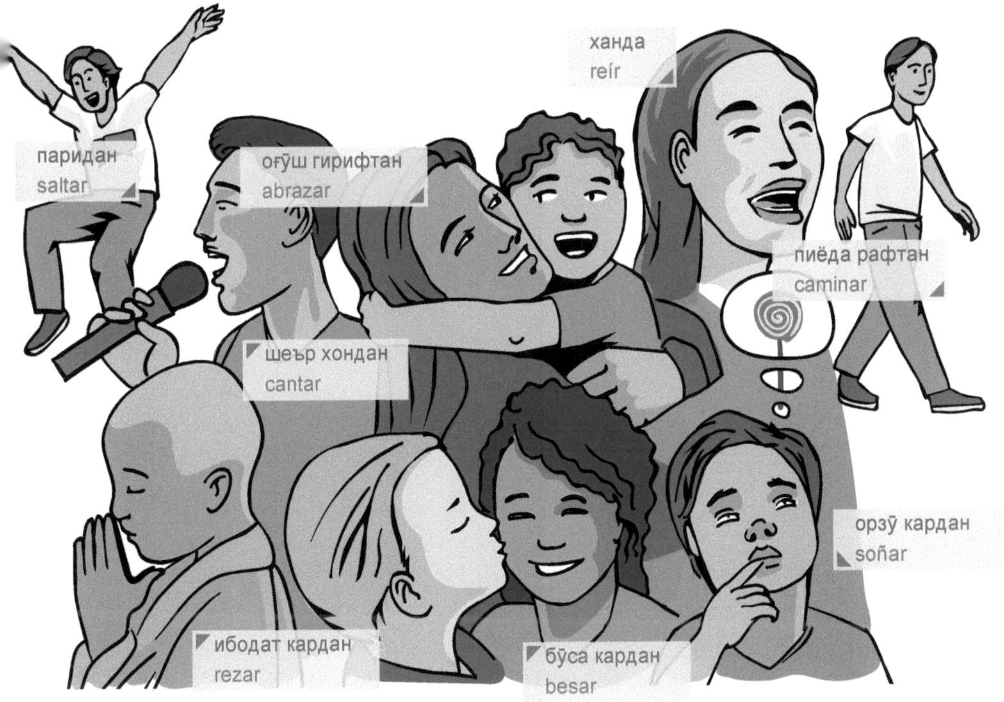

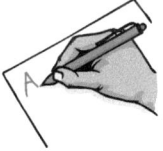

навиштан

escribir

кашидан

dibujar

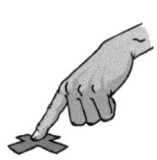

нишон додан

mostrar

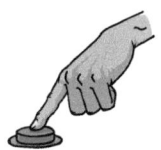

тела додан

presionar

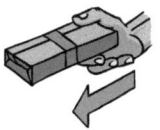

додан

dar

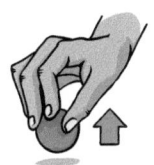

гирифтан

tomar

доранд

tener

кор

hacer

бошад

ser

истодан

estar parado

давидан

correr

кашидан

tirar

партофтан

tirar

афтидан

caer

дароз кашидан

estar acostado

интизор шудан

esperar

бардошта бурдан

llevar

нишастан

estar sentado

либос пӯшидан

vestirse

хобин

dormir

бедор шудан

despertar

фаъолият - actividades

нигоҳ кардан

mirar

гиря кардан

llorar

сила кардан

acariciar

шона

peinar

гап задан

hablar

фаҳмидан

entender

пурсидан

preguntar

гӯш кардан

escuchar

нӯштдан

beber

хӯрдан

comer

ғундоштан

ordenar

ишқ

amar

ошпаз

cocinar

рондан

manejar

парвоз кардан

volar

бо бодбон ҳаракат кардан

navegar

ҳисоб кардан

calcular

хондан

leer

омӯхтан

aprender

кор

trabajar

оиладор шудан

casarse

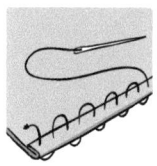

дӯхтан

coser

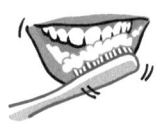

дадон шӯстан

cepillarse los dientes

куштан

matar

дуд

fumar

фиристодан

enviar

оила
familia

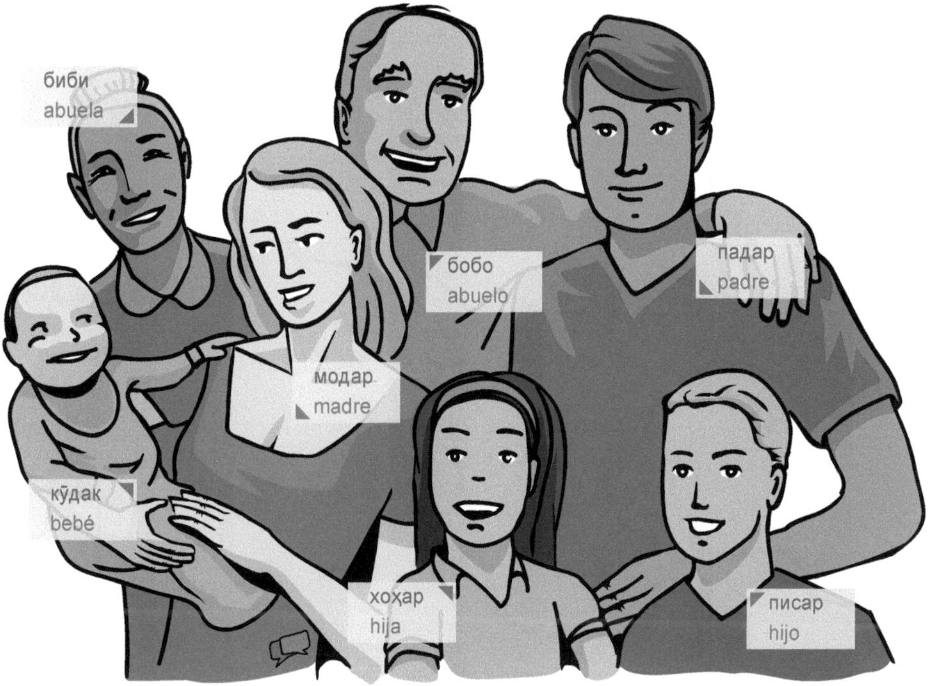
биби
abuela
бобо
abuelo
падар
padre
модар
madre
кӯдак
bebé
хоҳар
hija
писар
hijo

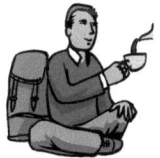

меҳмон

invitado

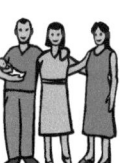

хола

tía

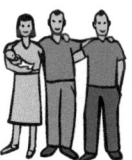

амак

tío

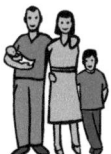

бародар

hermano

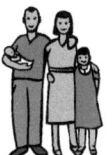

хоҳар

hermana

бадан

cuerpo

пешонӣ
frente
чашм
ojo
китф
hombro
ангушт
dedo
рӯй
cara
манаҳ
pera
панҷаи даст
mano
пой
pierna
қафаси сина
pecho
даст
brazo

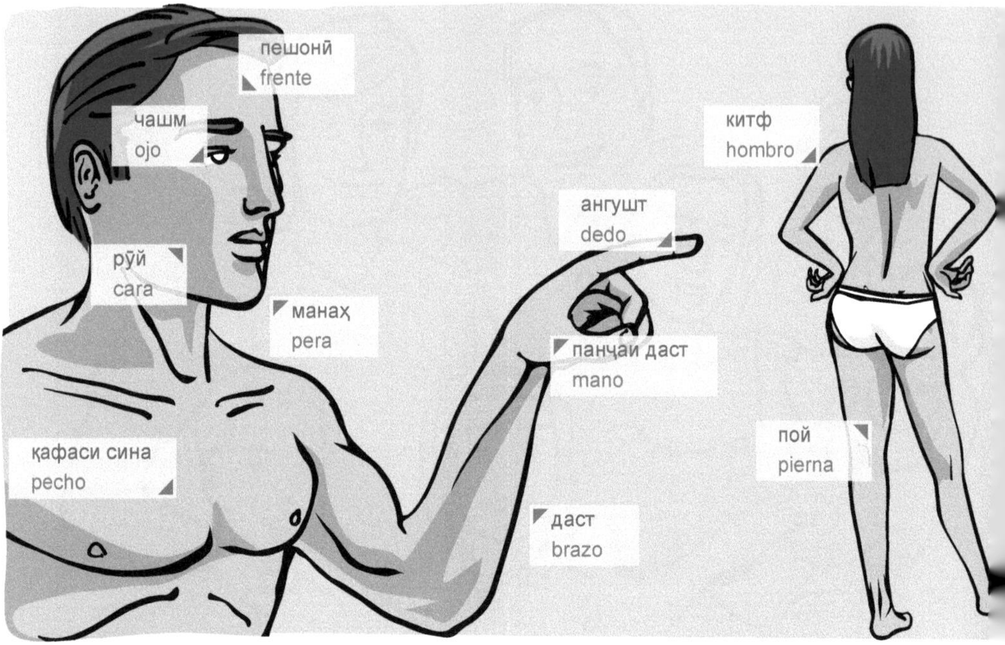

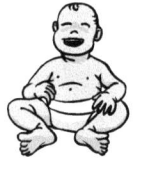

кӯдак

bebé

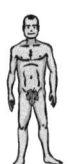

мард

hombre

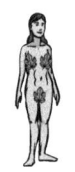

зан

mujer

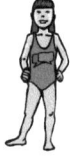

духтар

nena

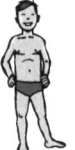

писар

nene

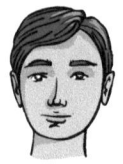

сар

cabeza

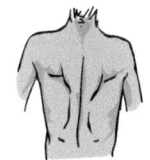

пушт

espalda

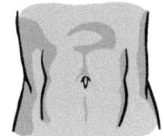

шикам

panza

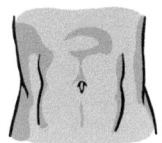

ноф

ombligo

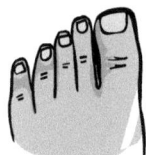

ангушти пой

dedo del pie

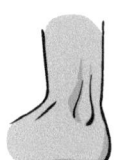

пошнаи пой

talón

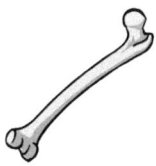

устухон

hueso

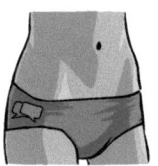

рон

cadera

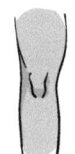

зону

rodilla

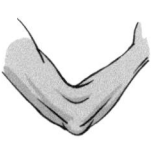

оринҷ

codo

бинӣ

nariz

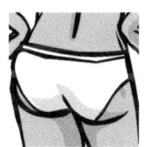

таг

cola

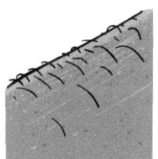

пӯст

piel

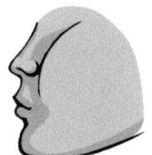

рухсора

cachete

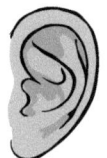

гӯш

oreja

лаб

labio

даҳон

boca

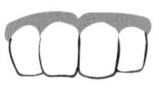

дадон

diente

забон

lengua

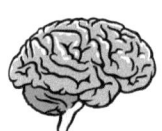

майнаи сар

cerebro

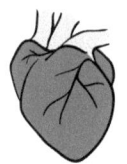

дил

corazón

мушак

músculo

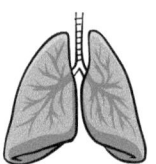

шуш

pulmón

ҷигар

hígado

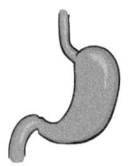

меъда

estómago

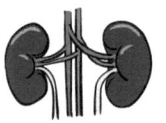

гурдаҳо

riñones

алоқаи ҷинсӣ

sexo

рифола

preservativo

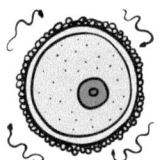

тухмҳуҷайра

óvulo

нутфа

semen

ҳомиладорӣ

embarazo

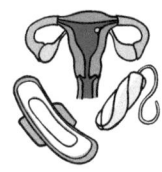

ҳайз

menstruación

маҳбал

vagina

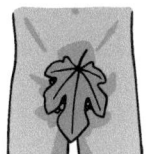

кер

pene

абрӯ

ceja

мӯй

pelo

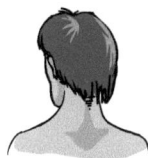

гардан

cuello

бемористон

hospital

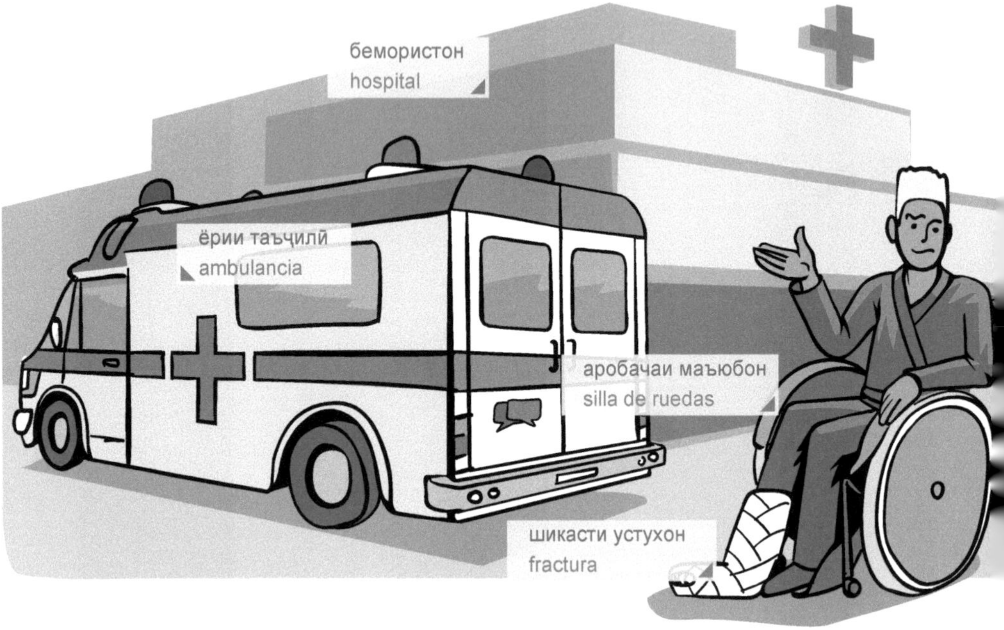

бемористон
hospital
ёрии таъҷилӣ
ambulancia
аробачаи маъюбон
silla de ruedas
шикасти устухон
fractura

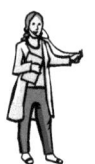

духтур

médico

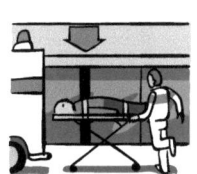

ҳуҷраи ёрии фаврӣ

sala de guardia

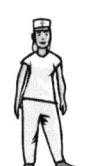

ҳамшираи тиббӣ

enfermera

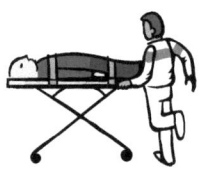

ҳолати фавқулодда

emergencia

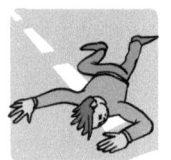

беҳуш

inconsciente

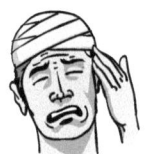

дард

dolor

чароҳат

lesión

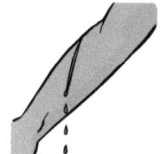

хунравй

hemorragia

дилзанак

infarto

сактаи майна

ACV

аллергия

alergia

сулфа

tos

табларза

fiebre

грипп

gripe

шикамравй

diarrea

сардард

dolor de cabeza

саратон

cáncer

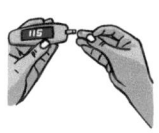

диабет

diabetes

чаррох

cirujano

скалпел

bisturí

чаррохй

operación

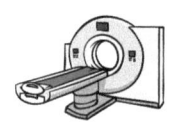

Томографияи компютерй

TC

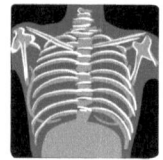

шӯъои ренгенй

rayos x

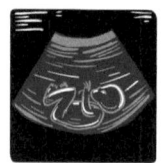

ултрасадо

ecografía

ниқоби рӯй

barbijo

беморй

enfermedad

ҳуҷраи интизорй

sala de espera

асобағал

muleta

марҳам

curita

дока

venda

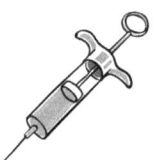

сӯзандору

inyección

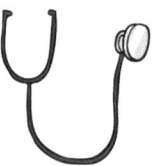

стетоскоп

estetoscopio

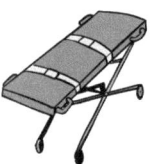

занбар

camilla

ҳароратсанҷ

termómetro

таваллуд

nacimiento

вазни зиёдатй

sobrepeso

тачхизоти шунавой
audífono

моддаи безараргардонй
desinfectante

инфексия
infección

вирус
virus

ВИЧ / СПИД
VIH / SIDA

дору
remedio

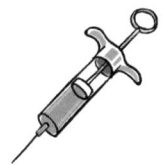

ваксинатсия
vacunación

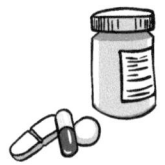

хабхо
comprimidos

хаб
pastilla anticonceptiva

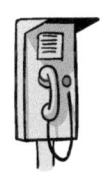

занги изтирорй
amada de emergencia

монитори фишори хун
tensiómetro

бемор/солим
enfermo / sano

Кумак!

¡Ayuda!

хушдор

alarma

хуҷум

agresión

ҳамла

ataque

хатар

peligro

баромадгоҳи таҳлиявӣ

salida de emergencia

Сӯхтор!

¡Fuego!

оташнишон

matafuego

садама

accidente

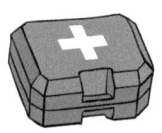

дорукуттӣ

botiquín de primeros
auxilios

бонги хатар

SOS

полис

policía

Аврупо

Europa

Америкаи Шимолӣ

América del Norte

Америкаи Ҷанубӣ

América del Sur

Африка

África

Осиё

Asia

Австралия

Australia

Уқёнуси Атлантик

Atlántico

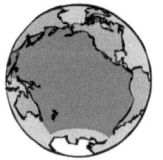

Уқёнуси Ором

Pacífico

Уқёнуси Ҳинд

Océano Índico

Уқёнуси Антарктика

Océano Antártico

Уқёнуси Арктика

Océano Ártico

Қутби шимол

polo norte

Қутби ҷануб

polo sur

Антарктика

Antártida

замин

Tierra

замин

tierra

баҳр

mar

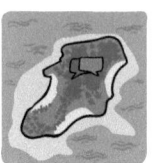

ҷазира

isla

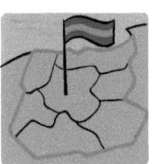

миллат

nación

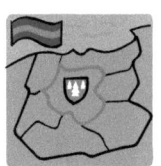

давлат

estado

сиферблат

esfera

ақрабаки соат

manecilla de las horas

ақрабаки дақиқашумор

minutero

ақрабаки сонияшумор

segundero

Соат чанд?

¿Qué hora es?

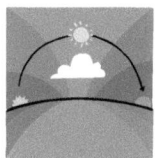

рӯз

día

замон

hora

ҳозир

ahora

соати электронӣ

reloj digital

лаҳза

minuto

соат

hora

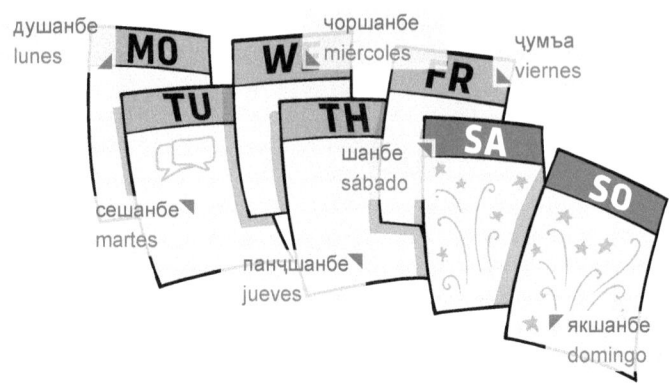

душанбе — lunes
чоршанбе — miércoles
чумъа — viernes
сешанбе — martes
шанбе — sábado
панчшанбе — jueves
якшанбе — domingo

дирӯз

ayer

имрӯз

hoy

фардо

mañana

пагоҳирӯзӣ

mañana

нимрӯз

mediodía

шом

tarde

MO	TU	WE	TH	FR	SA	SU
1	2	3	4	5	6	7
8	9	10	11	12	13	14
15	16	17	18	19	20	21
22	23	24	25	26	27	28
29	30	31	1	2	3	4

рӯзҳои корӣ

días hábiles

MO	TU	WE	TH	FR	SA	SU
1	2	3	4	5	6	7
8	9	10	11	12	13	14
15	16	17	18	19	20	21
22	23	24	25	26	27	28
29	30	31	1	2	3	4

истироҳат

fin de semana

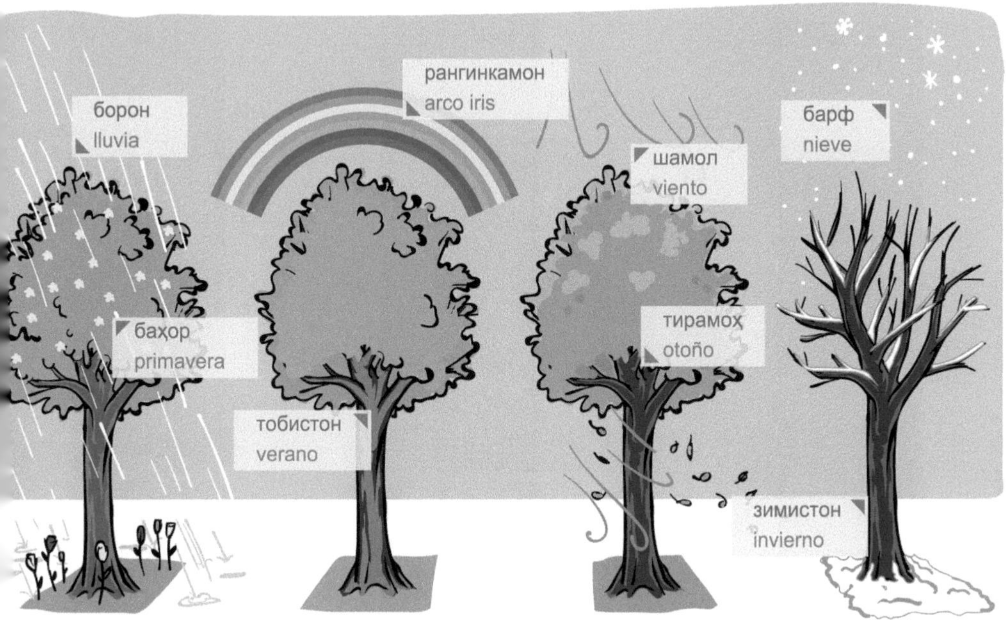

борон
lluvia

рангинкамон
arco iris

шамол
viento

барф
nieve

баҳор
primavera

тирамоҳ
otoño

тобистон
verano

зимистон
invierno

4.APRIL	11°	☀
5.APRIL	4°	
6.APRIL	13°	
7.APRIL	8°	❄
8.APRIL	10°	☀

Обу ҳаво

onóstico meteorológico

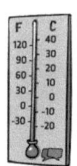

ҳароратсанҷ

termómetro

равшании офтоб

luz del sol

абр

nube

туман

niebla

намнок

humedad

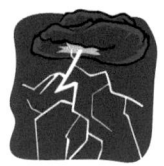

барқ

rayo

тундар

trueno

тӯфон

tormenta

жола

granizo

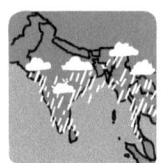

муссон

monzón

обхезй

inundación

ях

hielo

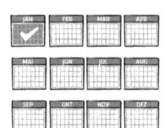

январ

enero

феврал

febrero

март

marzo

апрел

abril

май

mayo

июн

junio

июл

julio

август

agosto

сол - año

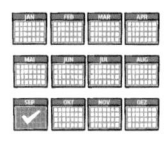

сентябр
....
septiembre

октябр
....
octubre

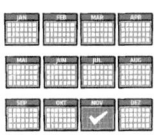

ноябр
....
noviembre

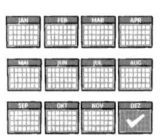

декабр
....
diciembre

баст

formas

давра
....
círculo

мураббаъ
....
cuadrado

росткунья
....
rectángulo

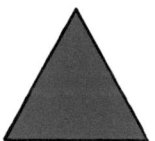

секунья
....
triángulo

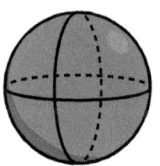

соњаи
....
esfera

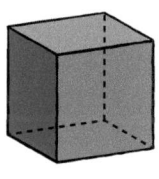

мукааб
....
cubo

гулобй

blanco

хокистаранг

amarillo

зард

naranja

бунафшранг

rosa

сурх

rojo

қаҳваранг

violeta

кабуд

azul

сиёҳ

verde

кабуд

marrón

сафед

gris

сабз

negro

бисёр/кам

mucho / poco

хашмгин / ором

enojado / tranquilo

зебо/безеб

lindo / feo

оғози / охири

principio / fin

калон/хурд

grande / chico

дурахшон / торик

claro / oscuro

бародари / хоҳар

hermano / hermana

тоза/чиркин

limpio / sucio

пурра / нопурра

completo / incompleto

рӯзи / шаб

día / noche

мурдагон / зинда

muerto / vivo

кушод/танг

ancho / angosto

хӯрданӣ /
хӯрданашаванда
comestible / no comestible

бад/нек

malo / amable

ба ҳаяҷон / дилгир

entusiasmado / aburrido

ғавс/борик

gordo / flaco

якум/охирин

primero / último

Дӯсти / душмани

amigo / enemigo

пур/холӣ

lleno / vacío

сахт/мулоим

duro / blando

вазнин/сабук

pesado / liviano

гуруснагӣ / ташнагӣ

hambre / sed

бемор/солим

enfermo / sano

ғайриқонунӣ / ҳуқуқӣ

ilegal / legal

соҳибақл / беақл

inteligente / estúpido

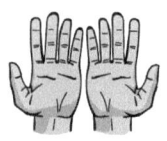

рост/чап

izquierda / derecha

наздик/дур

cerca / lejos

нави / истифода бурда
мешавад

nuevo / usado

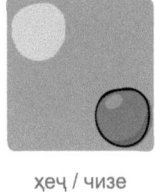

ҳеҷ / чизе

nada / algo

пир/ҷавон

viejo / joven

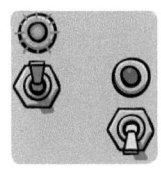

оид / хомӯш

encendido / apagado

кушода/пӯшида

abierto / cerrado

паст/баланд

silencioso / ruidoso

бой/камбағал

rico / pobre

дуруст/нодуруст

correcto / incorrecto

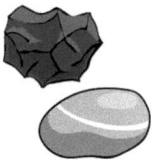

дурушт/ҳамвор

áspero / suave

ғамгин/хушбахт

triste / contento

кӯтоҳ/дароз

corto / largo

оҳиста/тез

lento / rápido

тар/хушк

mojado / seco

гарм / сард

caliente / frío

ҷанг / сулҳ

guerra / paz

0

нол

cero

1

як

uno

2

ду

dos

3

се

tres

4

чор

cuatro

5

панҷ

cinco

6

шаш

seis

7

ҳафт

siete

8

ҳашт

ocho

9

нӯҳ

nueve

10

даҳ

diez

11

ёздаҳ

once

12

дувоздаҳ

doce

13

сензdaҳ

trece

14

чордаҳ

catorce

15

понздаҳ

quince

16

шонздаҳ

dieciséis

17

ҳабдаҳ

diecisiete

18

ҳаждаҳ

dieciocho

19

нуздаҳ

diecinueve

20

бист

veinte

100

сад

cien

1.000

ҳазор

mil

1.000.000

миллион

millón

англисӣ

inglés

англисии амрикой

inglés americano

мандарини хитой

chino mandarín

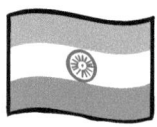

ҳиндӣ

hindi

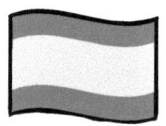

испанӣ

español

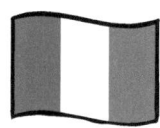

фаронсавӣ

francés

арабӣ

árabe

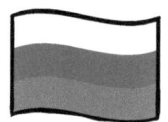

русӣ

ruso

португалӣ

portugués

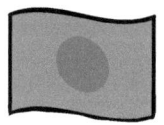

бенгалӣ

bengalí

олмонӣ

alemán

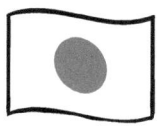

ҷопонӣ

japonés

ман

yo

шумо

vos

Ӯ / вай / он

él / ella

мо

nosotros

шумо

ustedes

онхо

ellos

ки?

¿quién?

чй?

¿qué?

Чй хел?

¿cómo?

дар кучо?

¿dónde?

кай?

¿cuándo?

ном

nombre

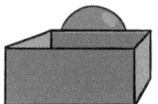

аз паси

detrás

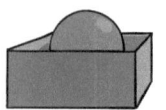

дар

en

дар пеши

adelante de

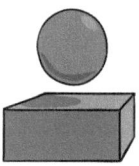

дар болои

por encima de

дар рӯи

sobre

дар зери

debajo de

дар назди

al lado de

миёни

entre

чой

lugar